5	6	7	8	9
5 5 + 0 = 5	6 6 + 0 = 6	7 7 + 0 = 7	8 8 + 0 = 8	9 9 + 0 = 9
6 5 + 1 = 6	7 6 + 1 = 7	8 7 + 1 = 8	9 8 + 1 = 9	
7 5 + 2 = 7	8 6 + 2 = 8	9 7 + 2 = 9		
8 5 + 3 = 8	9 6 + 3 = 9			
9 5 + 4 = 9				

心算表

個位數的加法

※心算的練習方法請見第91頁。

這是貼在數學遊戲的貼紙。
請依照不同題號，使用不同貼紙。

①～⑩

㉑～㉓

⑮

㉔

㉕

㉖

⑲

㉗

⑳

㊸～㊻

品名：貼紙
產地：臺灣
材質：塑膠合成紙(PP)
適用年齡：36個月以上
製造商：龍璟興業股份有限公司
電話：02-2995-6922
地址：241新北市三重區中興北街42巷19號
統一編號：34519741
委託製造商：遠足文化事業股份有限公司‧小熊出版
地址：新北市新店區民權路108-3號6樓
電話：02-2218-1417
統一編號：70446624
製造日期：2023 年 12 月
注意事項：
　1.本貼紙遇熱會燃燒，請遠離火源，以免發生
　　危險。
　2.請勿讓孩子將貼紙放入口中，以免發生吞食
　　意外。
　3.請勿將貼紙貼在易沾黏灰塵或毛髮的地方，
　　避免貼紙失去黏性。
　4.本貼紙使用的是安全材質，請家長陪同孩子
　　正確使用。

R 35785
2312020

數學遊戲100題 配合遊戲 ㉘～㉙ (51)～(74) 使用

這是貼在數學遊戲的貼紙。
請依照不同題號，使用不同貼紙。

㉘

㉙

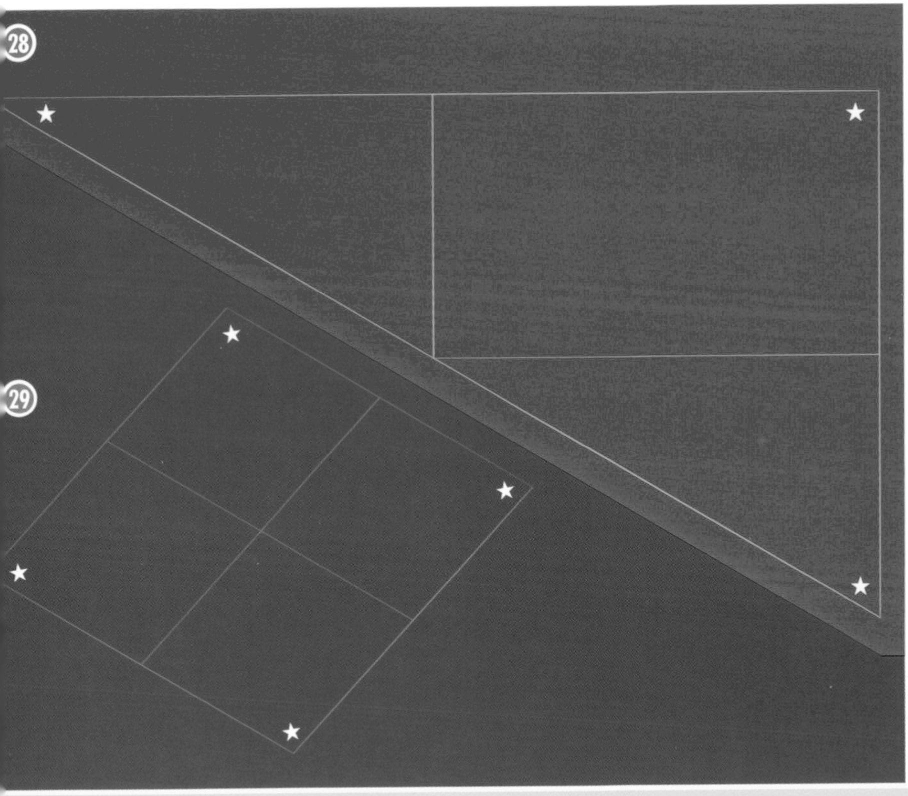

(65)

(51)～(53)

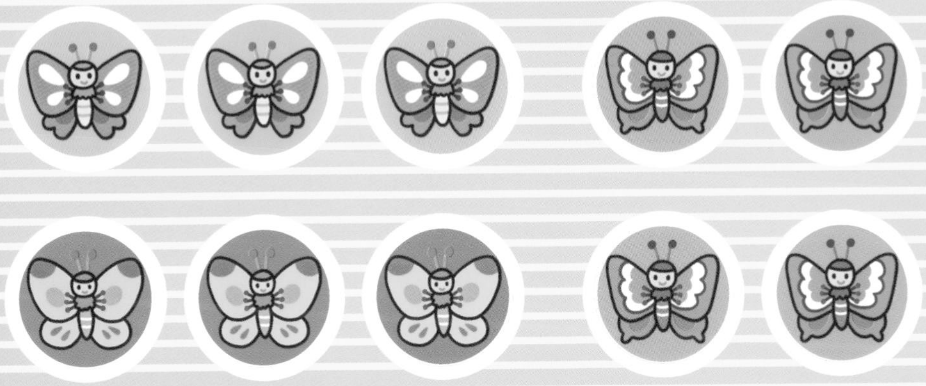

(74)

(68)

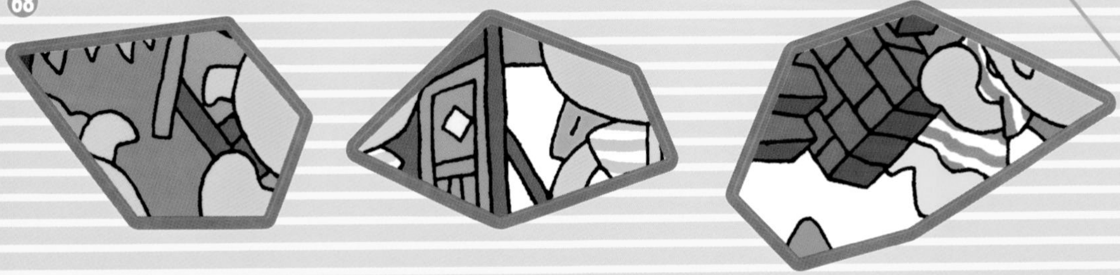

品名：貼紙
產地：臺灣
材質：塑膠合成紙(PP)
適用年齡：36個月以上
製造商：龍璟興業股份有限公司
電話：02-2995-6922
地址：241新北市三重區中興北街42巷19號
統一編號：34519741
委託製造商：遠足文化事業股份有限公司·小熊出版
地址：新北市新店區民權路108-3號6樓
電話：02-2218-1417
統一編號：70446624
製造日期：2023 年 12 月
注意事項：
　1.本貼紙遇熱會燃燒，請遠離火源，以免發生
　　危險。
　2.請勿讓孩子將貼紙放入口中，以免發生吞食
　　意外。
　3.請勿將貼紙貼在易沾黏灰塵或毛髮的地方，
　　避免貼紙失去黏性。
　4.本貼紙使用的是安全材質，請家長陪同孩子
　　正確使用。

R 35785
2312020

75

86

81

92

91

93

99

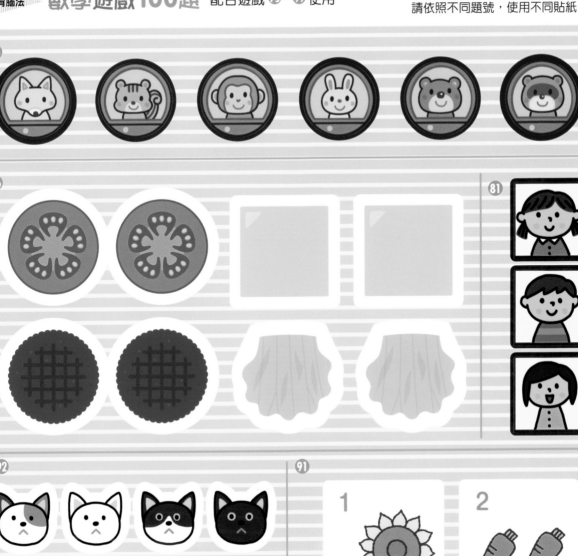

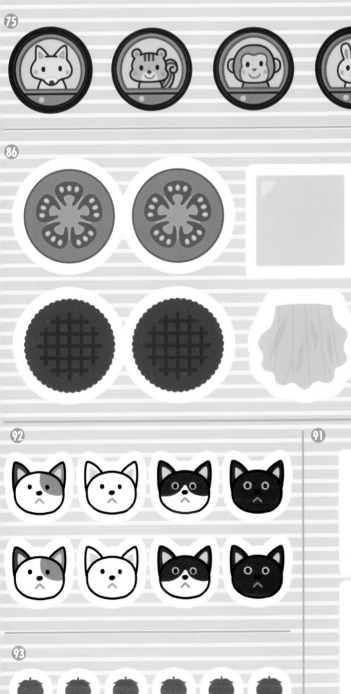
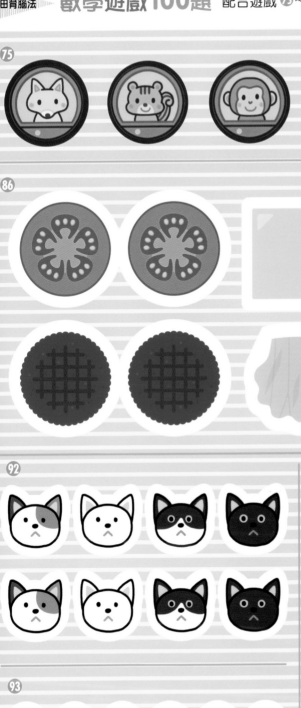

品名：貼紙
產地：臺灣
材質：塑膠合成紙(PP)
適用年齡：36個月以上
製造商：龍璟興業股份有限公司
電話：02-2995-6922
地址：241新北市三重區中興北街42巷19號
統一編號：34519741
委託製造商：遠足文化事業股份有限公司‧小熊出版
地址：新北市新店區民權路108-3號6樓
電話：02-2218-1417
統一編號：70446624
製造日期：2023 年 12 月
注意事項：
  1.本貼紙遇熱會燃燒，請遠離火源，以免發生
   危險。
  2.請勿讓孩子將貼紙放入口中，以免發生吞食
   意外。
  3.請勿將貼紙貼在易沾黏灰塵或毛髮的地方，
   避免貼紙失去黏性。
  4.本貼紙使用的是安全材質，請家長陪同孩子
   正確使用。

R 35785
2312020

久保田育腦法

日本腦科學權威
久保田競專為幼兒設計

有效鍛鍊大腦
數學遊戲

100題

監修 久保田 競（京都大學名譽教授／醫學博士）

協力 久保田腦研　翻譯 卓文怡

Little Bear Books

從3歲開始鍛鍊孩子的數學能力

監修 ●久保田 競（京都大學名譽教授／醫學博士）

幼兒時期最適合手腦並用的數學遊戲

嬰兒一出生就擁有「抓握反射（palmar grasp reflex）」的本能，不需練習就可以彎曲拇指以外的手指，緊緊握住物品。不過，若想要靈活的抓住或捏起東西，則需要反覆練習彎曲和伸直手指。

當某件事情引起孩子的興趣，令孩子產生幹勁時，大腦前額葉皮質內的神經細胞（neuron）就會開始發揮作用，下達指令告訴身體「這時應該做出什麼動作」。這個指令會成為「工作記憶（working memory）」，暫時儲存在前額葉皮質內，指揮身體做出動作。只要反覆經歷這個過程，孩子就能更加靈巧的依循自我意志做出動作（隨意運動，voluntary movement）。

在快樂的遊戲中，讓孩子以筆書寫文字和數字，或是貼貼紙，都是訓練手指的好方法。想讓孩子擁有靈活的手指，請把握 2～3 歲的時期好好訓練。

提升數學能力能讓成績變好，還能培養同理心

人類大腦的發展具有所謂的「關鍵期（critical period）」，而關鍵期內的學習效率十分顯著，例如在 6 歲之前的幼兒時期，是大腦發展接收感覺訊息，做出反應、修正和理解的關鍵期，如果透過感官訓練獲得基本的數學概念，日後面對問題就能快速思考，並做出符合邏輯的判斷和決定。

本書為孩子設計了各式各樣的題目，包

括藉由目測判斷數量多寡、圖形大小、物體長短，以及用多個三角形組合出各種不同的形狀等，讓孩子練習透過視覺感官自然而然學會數量、比較和分數。

最重要的是，讓孩子在幼兒時期學會心算。只要孩子理解「0的概念」，就能明白十進位法（數字的計算方法），接著就可以開始學習心算，而心算是鍛鍊前額葉皮質的重要方法之一（關於0的概念和心算，請見書末「＋1專欄」）。

當孩子提升了數學力，前額葉皮質的運作就會更有效率，不僅數學會變好，其他課業成績也會進步。除此之外，由於算數是抽象的概念，在閱讀題目和計算的過程中，孩子也同時培養了語言表達、抽象思考和理解能力。如此一來，孩子就更容易透過對話理解他人的心情與感受，發展出能夠換位思考的同理心。

從基本的「數感培養」，到需要思考的「邏輯訓練」

本書分為 STEP 1 和 STEP 2。

STEP 1 是基本的「數感培養」，這個階段訓練的是數學敏感度。「數數」、「比較」和「形狀」可以讓孩子熟悉數量與0的概念、辨認各式圖形和明白分數的意義，「計算」則可以學會數字的排列組合，以及計算的步驟和方法。

STEP 2 是進階的「邏輯訓練」，目標是讓孩子透過記憶和觀察所獲得的訊息為基礎，再運用想像力和思辨力，一步一步推理出符合邏輯的答案。在循序漸進的解題過程中，培養邏輯思考能力與數學力。

只要每天重複練習，且練習量不需要過大，即可不斷刺激神經傳導，提升腦力。請家長陪著孩子一起努力吧！

本書使用方法

1 先做手部熱身操

在開始進行數學遊戲之前，先做一做手部的熱身操（第8～9頁）吧！這個熱身操可以促進手指、手腕的神經與肌肉協調性，讓關節的動作更加順暢，除了能夠讓手指更為靈活，還可以營造「接下來要開始玩數學遊戲」的氣氛。建議家長陪著孩子一起做喔！

2 反覆練習，並限制時間

只要把數學遊戲的鉛筆痕跡擦掉，就可以玩很多次。建議第二次之後的練習，可以視孩子的能力設定時間限制，例如第二次限時三分鐘，第三次則是限時一分鐘。像這樣反覆且限制時間的練習，有助於提升孩子的判讀能力和專注力。

3 囫圇吞棗，不如持之以恆

只要多活動手指，多挑戰問題，大腦就會不斷發育、成長。而且比起一口氣做很多題目，更建議每天做一點點，持之以恆的練習，就能增強大腦神經細胞的連結。

※神經細胞的知識請見第9頁。

每天都有做到呢！

坐姿與鉛筆握法

最重要的一點，是必須維持良好姿勢並正確握筆，建議家長先示範給孩子看。

鉛筆握法

以拇指和食指輕輕握著筆桿，中指在旁輔助。動作輕柔，不要握得太緊。

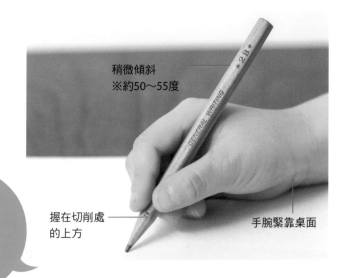

稍微傾斜
※約50～55度

握在切削處
的上方

手腕緊靠桌面

> 建議使用2B等顏色較深的鉛筆。鉛筆不要削得太尖，否則容易折斷。

坐姿

兩腳確實著地，抬頭挺胸，腰桿打直。

桌子與身體之間
要有一點空隙

腰桿打直

以非慣用手
按著紙張

椅子要坐滿

兩腳確實著地

攝影協力：久保田腦研

STEP 1　數感培養

以數數、比較、形狀和計算為主題的基本數學題，反覆練習可提升數學敏感度。

難易度　★ 非常簡單　★★ 簡單　★★★ 普通　★★★★ 困難　★★★★★ 非常困難

手部熱身操

為了能靈活使用鉛筆和貼貼紙，讓我們來做一做手部熱身操吧！
每一根手指都要確實伸展和彎曲喔！

手指熱身操

1 大拇指與食指的指尖碰在一起。

2 大拇指再與其他指頭的指尖輪流碰在一起。

手腕熱身操

1 一邊說著「甩甩甩」，一邊甩動手腕。

2 雙手十指交握，一邊說著「轉轉轉」，一邊繞圈轉動手腕。接著往反方向再做一次。

只要給予豐富的感官刺激，就能激盪並提升腦力

當大腦接收到來自手指和眼睛的感官刺激時，會以大腦表面（大腦皮質）的後方區域（頂葉、枕葉、顳葉）加以辨識，再將資訊傳送至位於大腦前方的前額葉皮質，進行推論、研判和擬定行動計畫。接著行動計畫會傳遞至運動皮質和體覺皮質，誘發軀體動作。只要不斷重複上述的機制，大腦的神經細胞和細胞間的突觸就會增加，大腦皮質也會變厚，使腦部變得更發達。反之，如果一直不使用大腦的神經迴路，突觸和神經細胞的數量就會逐漸減少。讓我們每天一點一點的練習，持之以恆吧！

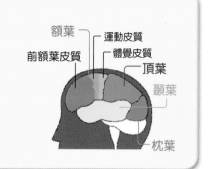

額葉　運動皮質
前額葉皮質　體覺皮質
頂葉
顳葉
枕葉

「橡果滾呀滾」熱身操

1 雙手握拳，伸出右手的大拇指和左手的小指。

2 將在步驟 **1** 伸出的手指縮回去，再伸出右手的小指和左手的大拇指。

搭配日本童謠「橡果滾呀滾」，重複步驟 **1** 和 **2** 的動作。（亦可用孩子熟悉的手指謠練習）

左手、右手來猜拳

讓右手贏過左手。

1 喊出「剪刀石頭布」時，右手出石頭，左手出剪刀。

2 下一次右手出剪刀，左手出布。

3 再下一次右手出布，左手出石頭。

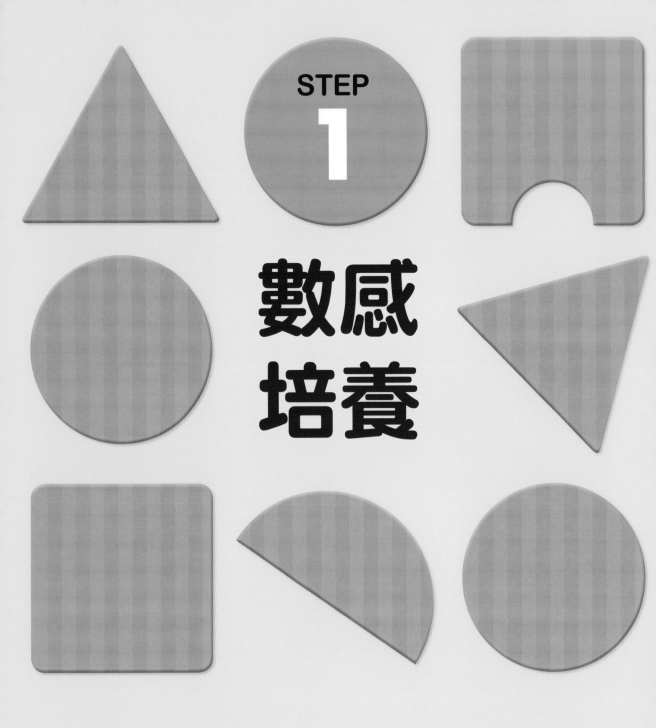

STEP 1

數感培養

給家長

STEP 1 的基礎題有助於提升孩子的數學敏感度。「數數」是學習數量和 0 的概念,「形狀」是認識圖形和熟悉分數概念,「比較」是讓孩子思考該以什麼為基準來衡量,「計算」則是了解加減乘除的概念,並練習把文字敘述轉化為數學算式。

※STEP 1的答案在第92頁(不包含只需要貼貼紙或畫線的題目)。

難易度 ★ ★ ★ ★ ★

貼上相同的數量①

在●貼上與圖畫相同數量的●貼紙。

數
數

0

1

2

3

 給家長 本題能夠讓孩子學會「數數」和明白「數量」的概念。建議家長告訴孩子,不貼貼紙(什麼都沒有的狀態)就是「0」,幫助孩子理解「0」的定義。

貼上相同的數量②

在●貼上與圖畫相同數量的●貼紙。

數數

 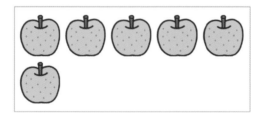 

 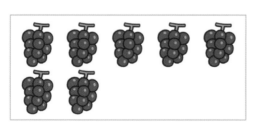 

 光是教孩子數數，是沒辦法讓孩子理解數量的。本題藉由貼上與水果不同形狀但數量相同的●貼紙，讓孩子釐清兩者的分量是一樣的。

12

難易度

貼上相同的數量③

在●貼上與圖畫相同數量的●貼紙。

8

9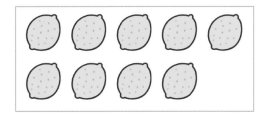

10

 給家長　當孩子理解「1～10」的數量概念後，可以試著給孩子看水果以外的圖來數數。此外，也可以告訴孩子每種東西都有不同的單位量詞，例如水果是1個、2個，貓是1隻、2隻，樹是1棵、2棵……

難易度 ★ ★ ★ ★ ★

11 方格裡的數字是什麼？①

數數

下面方格內的數字按照0～10的順序排列，可是有些數字不見了。
找出消失的數字，寫在方格裡。

0	1		3
•	••		•••

7		5	4

8		10

給家長　本題是讓孩子熟悉數字「0～10」的順序。建議讓孩子一邊指著數字，一邊念出來，再寫下答案。
家長可以提醒孩子注意方格下●的數量變得越來越多。

12 方格裡的數字是什麼？②

下面方格內的數字按照10～0的順序排列，可是有些數字不見了。
找出消失的數字，寫在方格裡。

數數

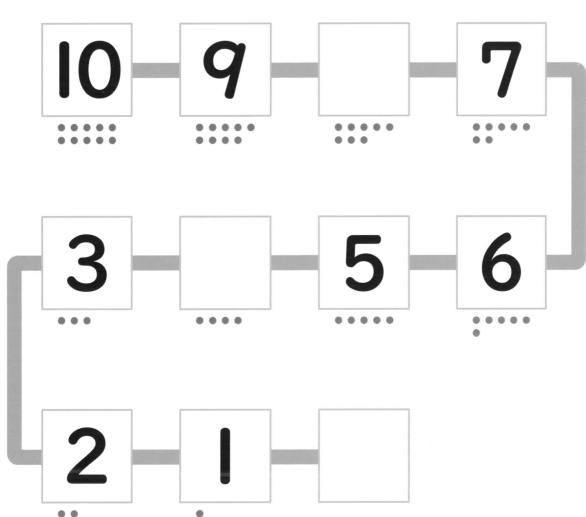

13 哪一種動物比較多？①

數數

犀牛和斑馬的數量，哪一種比較多？
仔細看一看，把答案寫在空格裡。

 給家長　第一次作答時不用讓孩子數數，直接以目測的方式説出答案。接著，再讓孩子分別算出犀牛和斑馬的數量，檢驗答案是否正確。

難易度 ★★★★★

14 哪一種動物比較多？②

無尾熊和貓熊的數量，哪一種比較多？
仔細看一看，把答案寫在空格裡。

數數

給家長　用目測的方式判斷動物的多寡，可以訓練孩子透過感官的直覺掌握數量。此外，家長可以提醒孩子「物體的排列方式」也會影響數數的難易。

難易度

15) 哪一種糖果最多？

這裡有紅色、藍色和黃色的糖果。
數一數，每種糖果有幾顆？在●貼上和糖果一樣
多的●貼紙，並把數量最多的糖果寫在空格裡。

數
數

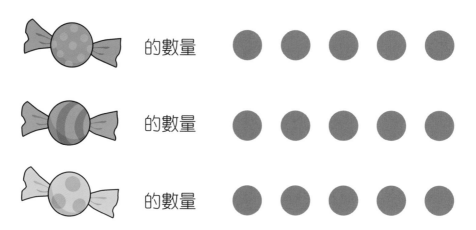

的數量　● ● ● ● ●

的數量　● ● ● ● ●

的數量　● ● ● ● ●

 給家長　可以讓孩子分別算出紅色、藍色和黃色糖果的數量，並貼上貼紙。或是參考上一題的做法，先請孩子用
目測的方式，說出哪一種糖果的數量最多，再進行數數。

難易度 ★ ★ ★ ★ ★

16 哪一條緞帶最長？

比一比緞帶的長度。
按照由長到短的順序，在方格裡寫下1～4的數字。

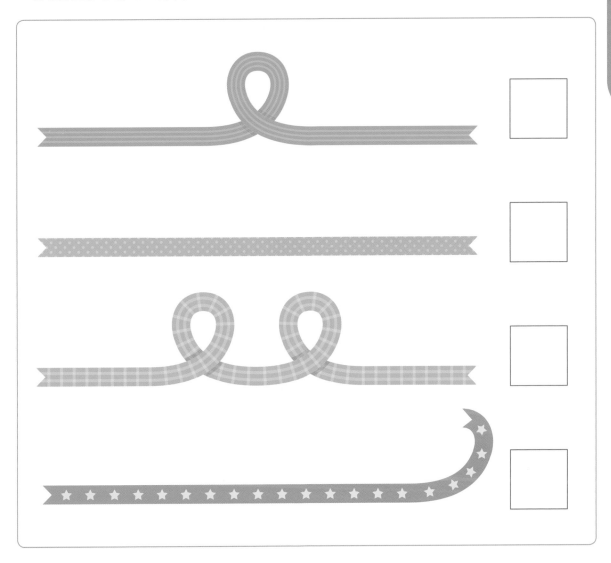

比較

給家長　「比較」是一種需要同時具備觀察力和想像力的能力。建議讓孩子在回答前先想像緞帶拉長後的樣子，再以藍色緞帶為基準進行比較。

19

17 哪一杯果汁最多？

比一比果汁的量。
按照由多到少的順序，在方格裡寫下1～4的數字。

比較

 給家長　本題是在容器大小相同的情況下，比較內容物的量。建議不要一口氣比較四杯，可以先指著其中兩杯問孩子：「這杯和那杯，哪一杯比較多？」依此類推，逐一比較。

難易度 ★ ★ ★ ★ ★

18 哪一隻動物最重？

比一比動物的體重。
按照由重到輕的順序，在方格裡寫下1～4的數字。

比較

貓		狗		兔子		松鼠

給家長　本題是利用蹺蹺板來比較重量。建議家長以兔子為基準來比較，循序漸進的問孩子：「哪一隻動物比兔子輕？」、「哪一隻動物比兔子重？」，即可逐步引導出答案。

難易度 ★ ★ ★ ★ ★

19 重疊貼貼看 ①

形狀

參考「範例」，將兩張貼紙重疊貼在一起。
先從大張的貼紙開始貼。

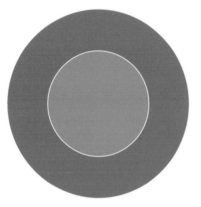

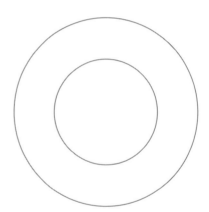

給家長 　要將貼紙重疊貼在一起，就必須理解應該先貼哪一張才對。在貼上貼紙之前，建議先讓孩子仔細觀察哪
一個圓圈比較大。

20 重疊貼貼看②

參考「範例」，將兩張貼紙重疊貼在一起。
比一比，哪一張貼紙比較大？

形狀

範例

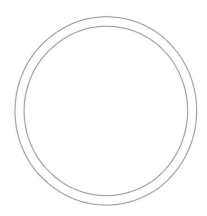

給家長　這兩張貼紙的大小十分相近，建議先讓孩子以目測的方式指出較大張的貼紙，再進行重疊黏貼，培養孩子靠視覺感官判斷圖形大小的能力。

難易度 ★ ★ ★ ★ ★

找出○△□的形狀

形狀

21 在「圓形」貼上相同形狀的貼紙吧！

 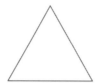

22 在「三角形」貼上相同形狀的貼紙吧！

23 在「正方形」貼上相同形狀的貼紙吧！

 本題是讓孩子分辨○△□三種基本圖形。剛開始時，家長可以指著答案的圖形問孩子：「哪一個形狀跟這個相同？」讓孩子從貼紙附件裡挑選正確形狀。此外，也可以尋找家中其他圓形或任何形狀的物品給孩子看。

難易度 ★ ☆ ☆ ☆ ☆

貼出四邊形 ①

利用「三角形」貼紙，創造出「四邊形」吧！
只要將兩個一樣的三角形放在一起，就會變成四邊形嘍！

形狀

給家長　本題能夠讓孩子認識「分數」。家長可以藉此教導孩子「二分之一」的概念，例如兩個一樣的三角形，會變成一個四邊形。一個的一半，就叫做二分之一。

26 貼出四邊形②

形狀

利用「三角形」貼紙，創造出「四邊形」吧！
只要將四個一樣的三角形放在一起，就會變成四邊形嘍！

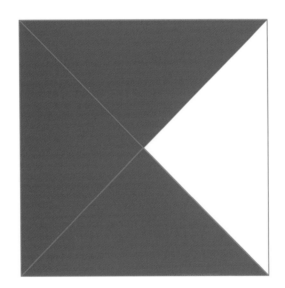

給家長　本題教的是「四分之一」的概念。家長可以告訴孩子：「當四個相同的三角形組出一個四邊形時，每一個三角形的大小都是四分之一喔！」

難易度 ★ ★ ★ ★ ★

27 貼出六角形

利用「三角形」貼紙，創造出「六角形」吧！
只要把六個一樣的三角形放在一起，就會變成六角形嘍！

形狀

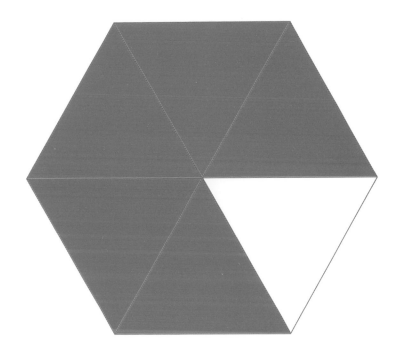

給家長　本題能夠讓孩子明白六個正三角形拼在一起，就會變成六角形。家長可以告訴孩子：「當六個相同的三角形組成一個六角形時，每一個三角形的大小都是六分之一。」

28 尖角靠一起①

紅色三角形可以分成三張貼紙。
把有☆的角靠在一起，貼在橫線（——）上。

形狀

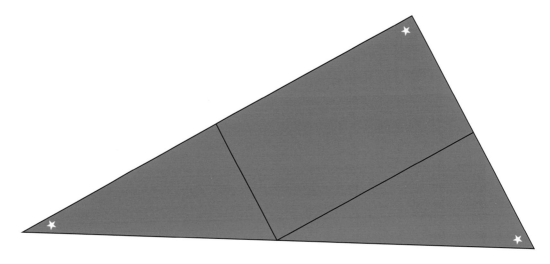

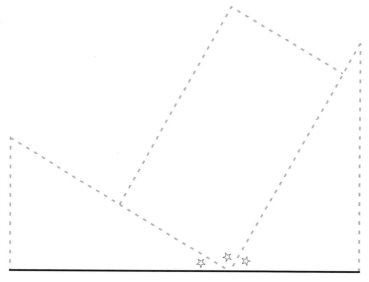

給家長　本題是讓孩子了解「三角形的內角和為180度」的概念。建議家長一邊帶著孩子操作，一邊說明：「把三個角靠在一起，會變成一條直線喔！」

29 尖角靠一起②

藍色四邊形可以分成四張貼紙。
把有☆的角靠在一起，貼出和藍色四邊形一樣的圖形。

形狀

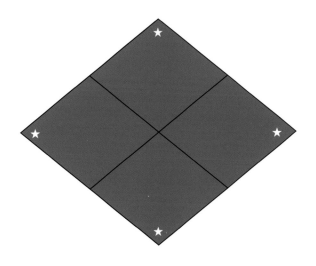

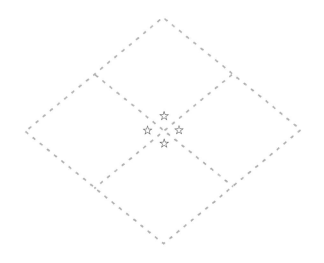

給家長 本題是讓孩子了解「四邊形的內角和為360度」的概念，而且當四個有☆的角靠在一起時，會組合出原本的形狀。家長可以跟孩子一起用色紙剪出不同形狀的四邊形來驗證。

畫出積木①

沿著灰色的虛線，畫出積木的樣子。
從●的位置開始畫喔！

30

31

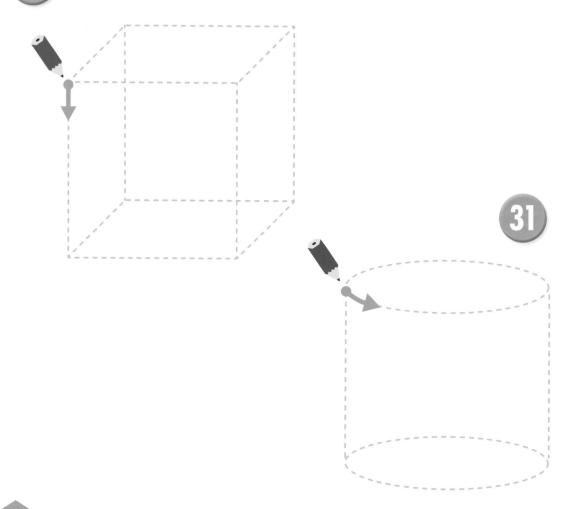

給家長　本題是讓孩子一邊在腦海描繪立體形狀，一邊沿著虛線畫線。立方體的六個面都是四邊形，圓柱體則是上、下兩面都是圓形。找一找家中有沒有類似形狀的物品，例如骰子、罐頭、保溫瓶等。

形狀

畫出積木②

沿著灰色的虛線，畫出積木的樣子。
從●的位置開始畫喔！

32

33

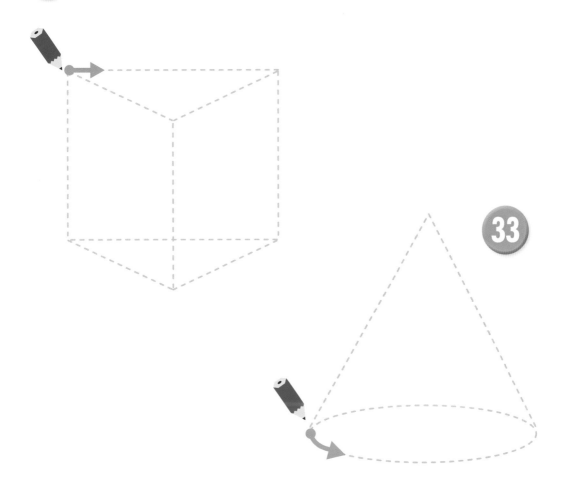

給家長 家長可以和孩子一邊觀察圖形，一邊沿著虛線畫線，同時告訴孩子：「三角柱的上、下兩面是三角形，但側面是四邊形」或「圓錐體就像一頂尖尖的帽子」等，這麼做能夠讓孩子在腦海中想像立體的形狀。

難易度 ★★★★★

「５」是多少加多少？

哪一行的兩個數字加起來會變成「5」？
在那一行的方格裡寫上「5」。

34 　**2** 和 **3** 加起來變成 →

35 　**1** 和 **4** 加起來變成 →

36 　**0** 和 **5** 加起來變成 →

如果寫成算式……

2 和 **3** 加起來變成 **5** → **2** + **3** = **5**

 給家長　本題是「○和△加起來變成□」的加法概念，寫成算式是「○＋△＝□」。第36題的「0」代表「什麼都沒有」，家長可以說明：「算式中加了0，總和不會改變。」讓孩子學會0的概念。

「１０」是多少加多少？

哪一行的兩個數字加起來會變成「10」？
在那一行的方格裡寫上「10」。

計
算

37　$5 + 5 =$
 （原圖數字與圓點）

38　$6 + 4 =$

39　$0 + 10 =$

40　$9 + 2 =$

給家長　當孩子學會了「算式」，就可以多練習加法。本題雖然只需找出總和為「10」的算式，但如果孩子有
能力，也可鼓勵寫出第40題的答案。

難易度 ★ ★ ★ ★ ★

41 加起來有多少？①

小春和小秋一起撈金魚，小春撈了三隻，小秋撈了兩隻。
兩人的金魚加起來有幾隻？把答案寫在方格裡。

計算

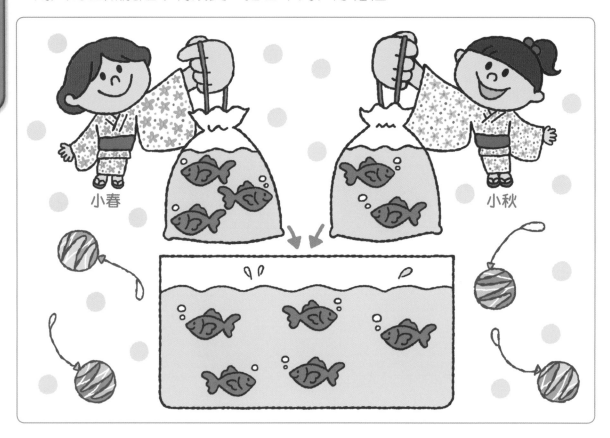

	小春		小秋		總共	
金魚有	**3**	+	**2**	=		隻

給家長　本題是練習將文字和圖像轉換成算式。家長可先請孩子數一數小春、小秋和水缸分別有幾隻金魚，再對照算式的數字引導出答案。

難易度 ★★★★★

42 加起來有多少？②

兩隻小熊分別烤了哈密瓜麵包和奶油麵包。
兩種麵包各有幾個？全部加起來共有幾個？把答案寫在方格裡。

計算

哈密瓜麵包　　　　奶油麵包　　　　　　總共

 ＋ ＝ 個

給家長　本題是練習加總不同的物品。建議先讓孩子分別算出兩種麵包的數量並填進算式，再用算式統計出麵包的總數，最後用數一數圖案的方式檢驗答案是否正確。

難易度 ★ ★ ☆ ☆ ☆

少了幾隻動物？

每一種動物原本都有七隻，現在分別少了幾隻？
用貼紙貼上不足的數量，把動物們補齊。

計算

43

44

45

46

給家長　本題可以學會減法的概念。建議家長先讓孩子明白陰影等於缺少的動物，再請孩子算出每種動物有幾個陰影。第46題沒有陰影，代表數量沒有缺少，也就是「0」。

難易度 ★ ★ ☆ ☆ ☆

47 剩下幾個人？

七位小朋友在公園裡玩耍，後來三位小朋友回家了。
現在公園裡剩下幾個人？把答案寫在方格裡。

剩下 ☐ 個人

如果寫成算式……

原本有7個人　　　3個人回家了　　　剩下4個人

$$7 - 3 = 4$$

給家長　建議家長先讓孩子用數一數圖案的方式算出公園裡剩下的人數，再說明「○少了△後剩下□」的算式就是「○－△＝□」，藉此建立減法算式的概念。

難易度 ★★★★★

48 泡芙數一數

冰箱裡有三個盒子，每個盒子各有五顆泡芙。
數一數，總共有幾顆泡芙？把答案寫在方格裡。

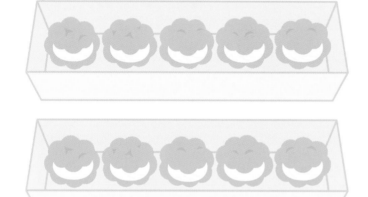

泡芙總共有 □ 顆

給家長　先將泡芙分為五顆一組，數量的計算就會更容易。建議家長詢問孩子：「五顆為一組的泡芙有幾組？」
讓孩子理解乘法的概念。

難易度 ★ ★ ★ ★ ★

平分甜甜圈

49 沿著虛線畫線，把十五個甜甜圈分給三個人，每人可分到五個。

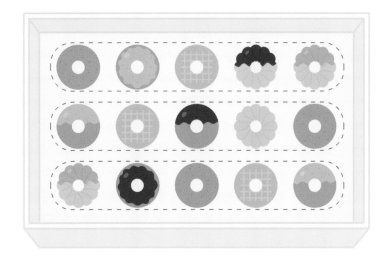

50 沿著虛線畫線，把十五個甜甜圈分給五個人，每人可分到三個。

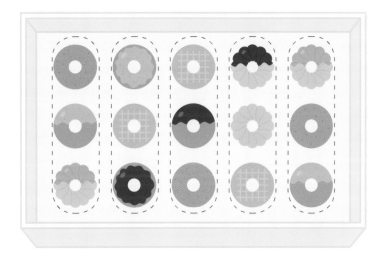

給家長　孩子必須先有加法、減法和乘法的概念，才能學會除法。家長可透過本題分配點心的生活化情境，讓孩子明白十五顆甜甜圈可以平分給三個人和五個人，做為認識除法的第一步。

計算

STEP
2

邏輯
訓練

給家長

STEP 2 是邏輯訓練。孩子必須確實理解題目,並透過觀察圖片找出線索,才能做出符合邏輯的判斷。有些題目是 STEP 1 的基本能力應用,有些題目則需要進一步思考事物的順序或相關性,兩者皆包含了許多數學元素。由於內容貼近生活,孩子可以在輕鬆的解題氛圍中提升數學能力。

※STEP 2的答案在第92～95頁。

難易度 ★★★★★

多了幾朵花？

花比蝴蝶多了幾朵？把答案寫在方格裡。
按照方格裡的數字，貼上相同數量的蝴蝶貼紙。

推理

51

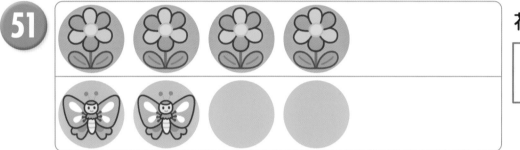

花多了

□

朵

52

花多了

□

朵

53

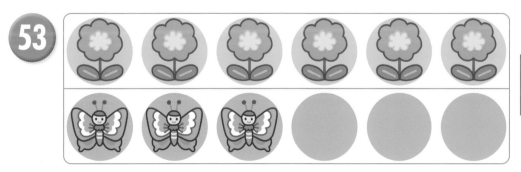

花多了

□

朵

難易度 ★★★★★

54 動物蛋糕派對

派對上有各式各樣的蛋糕，要分給動物們。
哪一種蛋糕和右邊的動物一樣多？
用鉛筆把相同數量的蛋糕和動物連起來。

推理

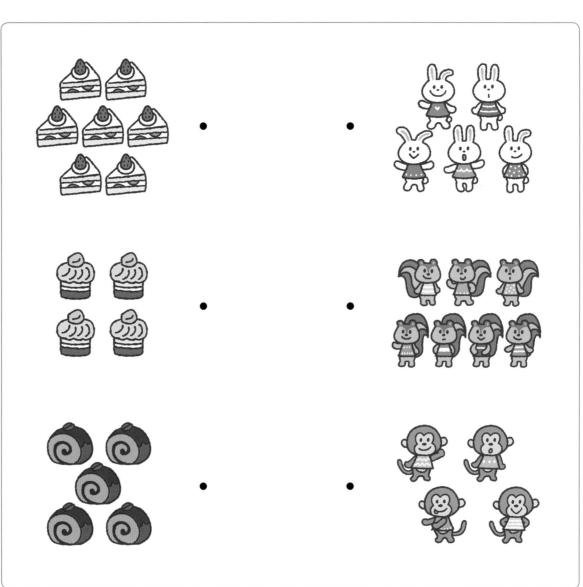

難易度 ★★★★★

55　坐滿乘客的汽車

一輛汽車最多只能坐六個人。
用鉛筆把左右兩邊的乘客連起來，
讓人數加在一起剛好是六位。

推理

難易度 ★ ★ ★ ★ ★

56 三角形躲貓貓

有好多不同的三角形躲在這幅畫裡。
把它們全部找出來，並塗上顏色。
總共有幾個三角形呢？把答案寫在空格裡。

推理

難易度 ★ ★ ★ ★ ★

57　四邊形捉迷藏

這幅畫裡藏了各式各樣的四邊形。
把它們全部找出來，並塗上顏色。
你看到了什麼東西呢？把答案寫在空格裡。

推理

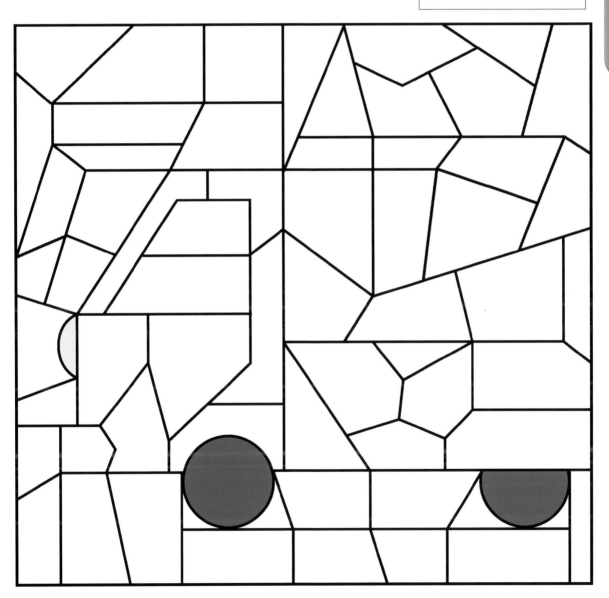

難易度 ★ ★ ★ ★ ★

58 把紙張對折吧！

如果把左邊「範例」的色紙沿著虛線對折，會變成右邊的哪一張呢？
在正確形狀的（　　）裡畫〇。

推理

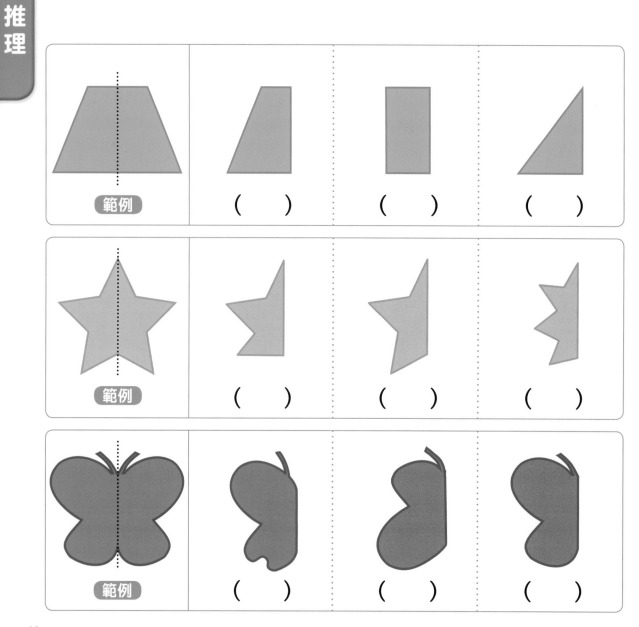

範例　　　（　　）　　　（　　）　　　（　　）

範例　　　（　　）　　　（　　）　　　（　　）

範例　　　（　　）　　　（　　）　　　（　　）

難易度 ★★★★★

59 色紙拼拼樂

左邊的色紙可以拼成右邊的哪一個圖案？
用鉛筆把它們連起來。

推理

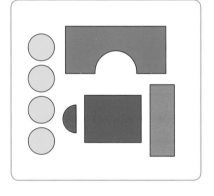

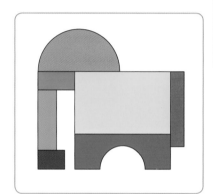

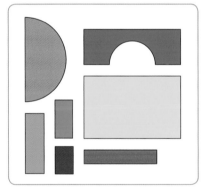

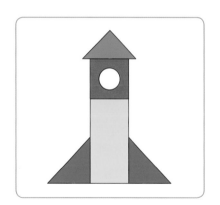

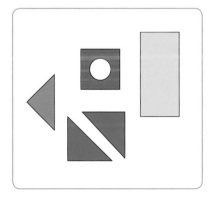

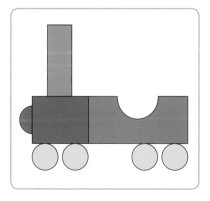

難易度 ★★★★★

60 哪一把梯子最長？

比一比梯子的長度。
按照由長到短的順序，在方格裡寫下1～4的數字。

推理

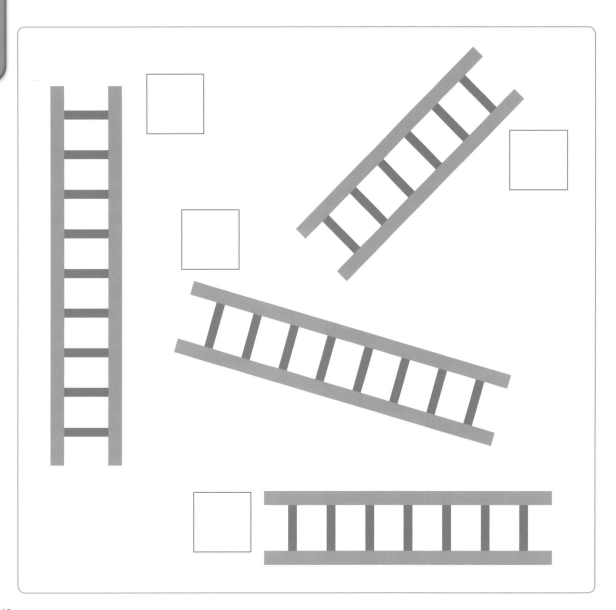

難易度 ★ ★ ★ ★ ★

61 哪一杯牛奶最甜？

把砂糖加進杯子裡，喝一杯甜甜的牛奶吧！
按照最甜到最不甜的順序，在方格裡寫下1～4的數字。

推理

難易度 ★ ★ ★ ★ ★

62 從 O 開始連連看

用鉛筆把0～20的●依序畫線連起來。
這是什麼動物呢？把答案寫在空格裡。

推理

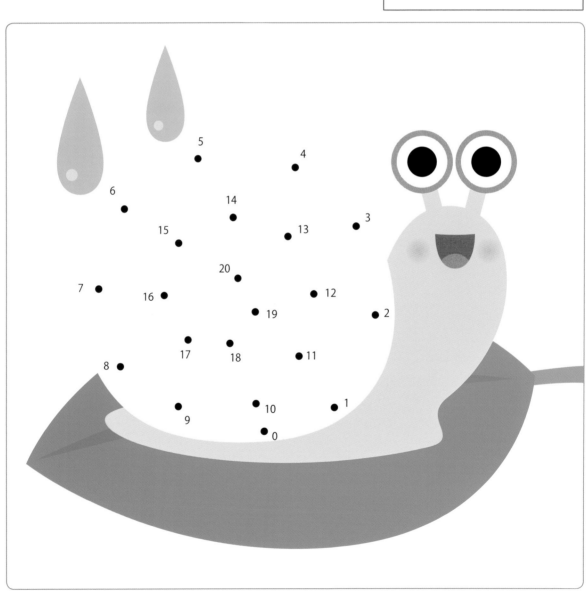

難易度 ★ ★ ★ ★ ★

63 從20倒數連連看

用鉛筆把20～0的●依序畫線連起來。
這是什麼動物呢？把答案寫在空格裡。

推理

64 貓咪照鏡子

推理

左邊的三隻貓咪在照鏡子，右邊則是貓咪在鏡子裡的模樣。
用鉛筆把每隻貓咪和正確的鏡中影像連起來。

鏡子

65 轉一轉，變成什麼？

參考「範例」，若圓球依照箭頭方向滾動，圖案會發生什麼變化？
把貼紙貼在圓球上的空白處。

推理

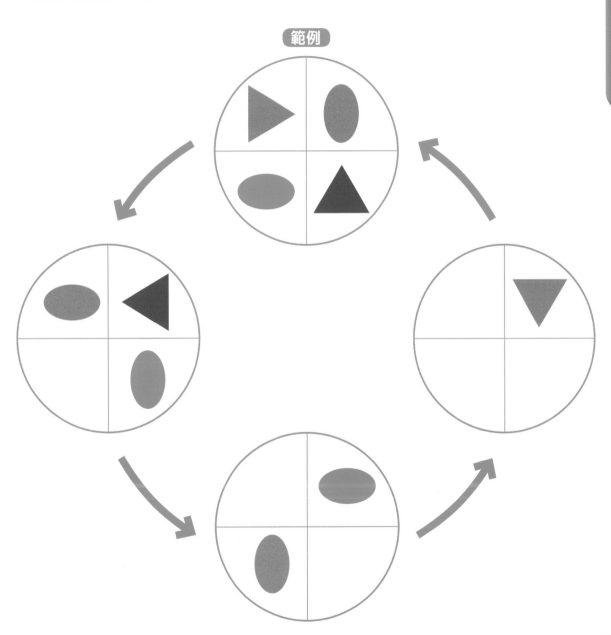

範例

難易度 ★ ★ ★ ★ ★

66 橡果迷宮

從 → 走到 →，松鼠只能往數字等於橡果數量的道路前進。
用鉛筆畫出正確的路線。

推理

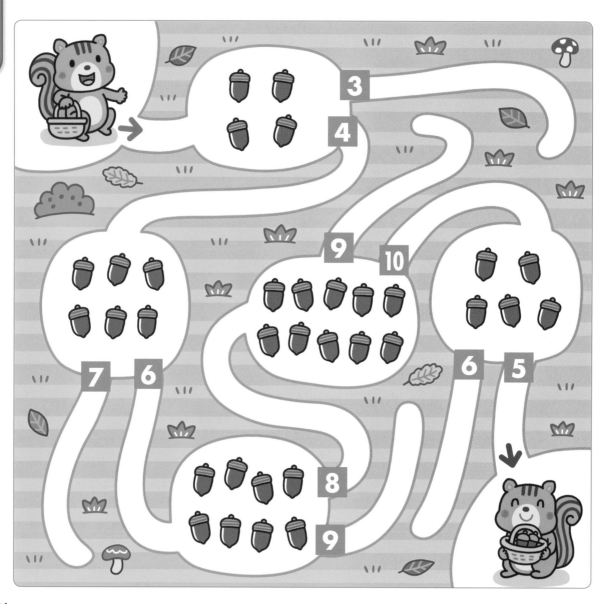

54

難易度 ★ ★ ★ ★ ★

67 數字「大」迷宮

從 ➔ 走到 ➔，男孩只能往數字較大的道路前進。
用鉛筆畫出正確的路線。

推理

難易度 ★★★☆☆

68 三隻小豬的拼圖

下面這幅拼圖的主題是「三隻小豬」。

1、2、3 的位置應該分別放入哪一塊拼圖？

把數字寫在相對應的（　　）內，並貼上貼紙完成拼圖。

拼圖

（　　　）

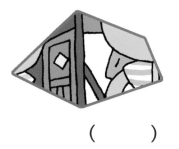
（　　　）

（　　　）

69 一起分享披薩吧！

這裡有一大片披薩，要分給六個小朋友吃，而且每一位拿到的披薩大小都要一模一樣。用➜所指的黑線，幫所有小朋友切出相同大小的披薩吧！

難易度 ★ ★ ★ ★ ★

70 總共有幾塊積木？

推理

下面每一張積木圖，各有幾塊積木？
每張圖的積木有多少塊，就塗滿多少個方格。

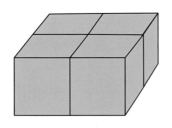

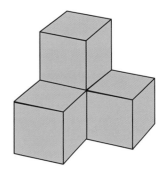

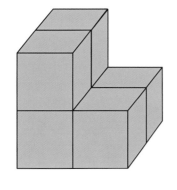

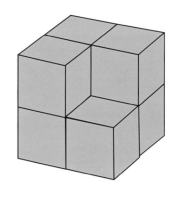

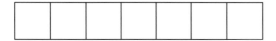

難易度 ★★★★★

71 積木組一組

哪一組積木可以組成「範例」的樣子？
在正確組合的（　　）裡畫〇。

範例

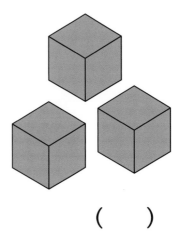

（　　）

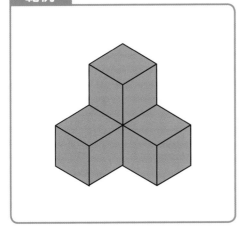

（　　）

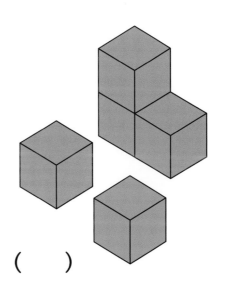

（　　）

難易度 ★★★★★

72　從上面往下看

從「範例」的正上方往下看，會看到什麼形狀？
用鉛筆把答案連起來。

範例

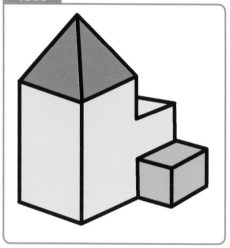

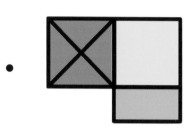

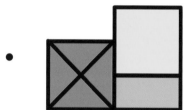

範例

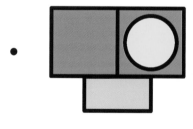

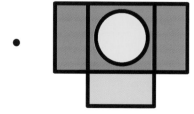

難易度 ★★★★★

73 從側面看一看

從「範例」的側面看過去，會看到什麼形狀？
用鉛筆把答案連起來。

範例

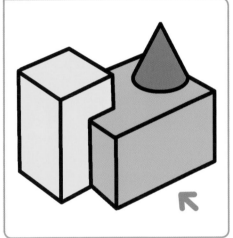

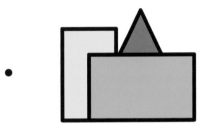

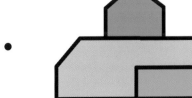

範例

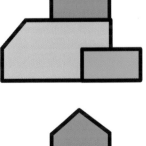

難易度 ★★★★★

74 收納小幫手

有三樣「使用後的物品」忘記放回櫃子裡了。
根據提示找出它們原本擺放的位置，並貼上貼紙。

推理

使用後的物品

帽子
・從下數來第三層
・從右數來第一格

球
・從上數來第三層
・從左數來第二格

布偶
・從上數來第二層
・從左數來第三格

左　　　　　　　　　　　　　　　　　　　　　右

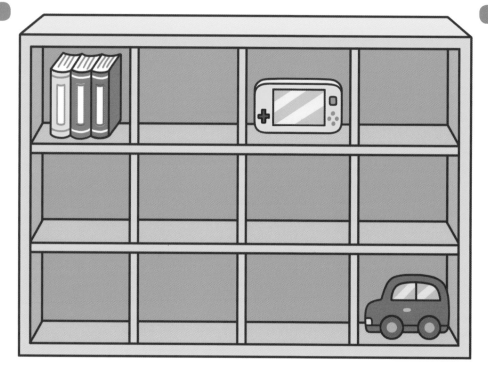

難易度 ★ ★ ★ ★ ★

75 一起坐摩天輪

以下「範例」是各種動物坐在摩天輪上的位置順序。
坐在位置 1、2、3 的分別是什麼動物？貼上正確的貼紙。

範例

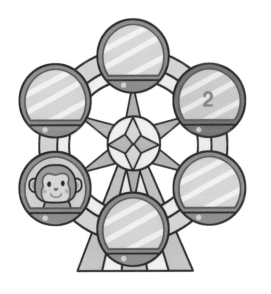

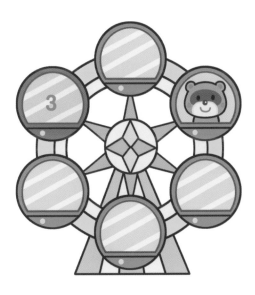

76 不給糖就搗蛋

在萬聖節的「不給糖就搗蛋」遊戲中，
四位小朋友都得到了一些甜點。
他們分別拿到幾個甜點？把答案寫在方格裡。

推理

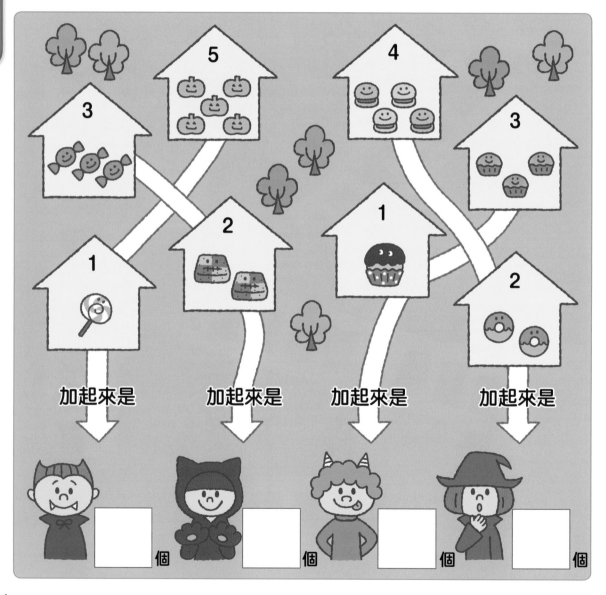

77 香噴噴的烤地瓜

四輛行動餐車在街上各賣出一些烤地瓜。
每輛車分別剩下幾個烤地瓜？把答案寫在方格裡。

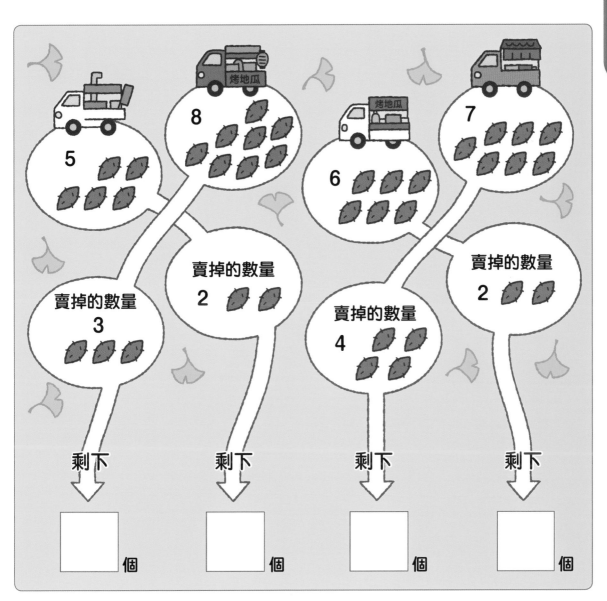

難易度 ★ ★ ★ ★ ☆

78 跳過數字連連看①

從 0 到 30，用 0 → 2 → 4 → 6 → 8 這種跳過一個數字的規律，把數字旁邊的●依序畫線連起來。

這是什麼動物呢？把答案寫在空格裡。

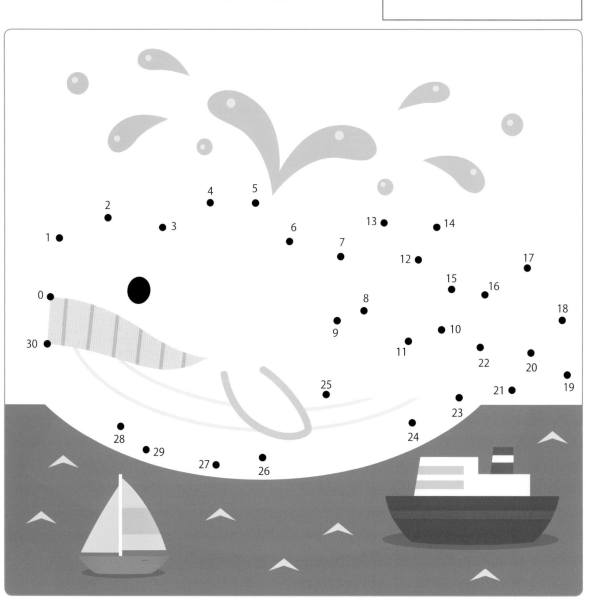

79 跳過數字連連看②

從0到50，用0→5→10→15→20這種跳過四個數字的規律，
把數字旁邊的●依序畫線連起來。
這是什麼物品呢？把答案寫在空格裡。

推理

80) 大排長龍的麵包店

熱門的貓熊麵包店前大排長龍。

閱讀下列問題，把 1、2、3 的答案分別寫在空格裡。

推理

問題

1　從前面數來第五個是什麼動物？

2　從後面數來第七個是什麼動物？

3　狸貓排在狐狸後面第幾個？

難易度 ★★★★★

81 他們住在哪一間？

根據以下三人的提示，想一想，他們分別住在公寓裡的哪一個房間，並在窗戶貼上貼紙。

我的房間在二樓，右邊數來第二間。

小桃

我的房間是四樓最左邊那間。

大樹

我的房間在小桃和大樹的中間那層樓，右邊數來第三間。

小琳

左　　　　　　　　　　　右

難易度 ★★★★★

82 繪里的一天

下面六張圖是繪里一天的生活。仔細看時鐘，每件事情發生的時間是幾點？把代表時間的數字寫在方格裡。

上午 ☐ 點
前往幼兒園

繪里

上午 ☐ 點
和大家一起散步

中午 ☐ 點
吃午餐

下午 ☐ 點
聽老師讀繪本

下午 ☐ 點
回家

晚上 ☐ 點
吃晚餐

83 練習看月曆

閱讀下列問題，把 1、2、3 的答案圈在月曆上。

問題

1 七日的一星期後是幾日？

2 十七日的三天後是幾日？

3 這個月的最後一個星期六是幾日？

日	一	二	三	四	五	六
	1	2	3	4	5	6
7	8	9	10	11	12	13
14	15	16	17	18	19	20
21	22	23	24	25	26	27
28	29	30	31			

難易度 ★★★★★

84 把盒子組裝起來吧！

下面這張有水果圖案的紙可以組裝成一個盒子。
做出來的盒子會是下面 1、2、3 中的哪一個呢？
用鉛筆把正確圖案的數字圈起來。

盒子的圖案

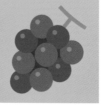

1

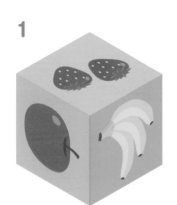

2

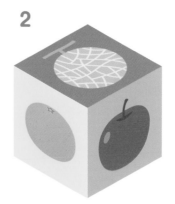

3

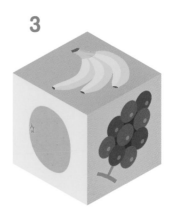

難易度 ★★★★☆

85 立體變平面

下面的兩份色紙，分別可以組裝成圓錐體和圓柱體。
哪一份可以做出圓錐體？哪一份可以做出圓柱體？
用鉛筆把答案連起來。

推理

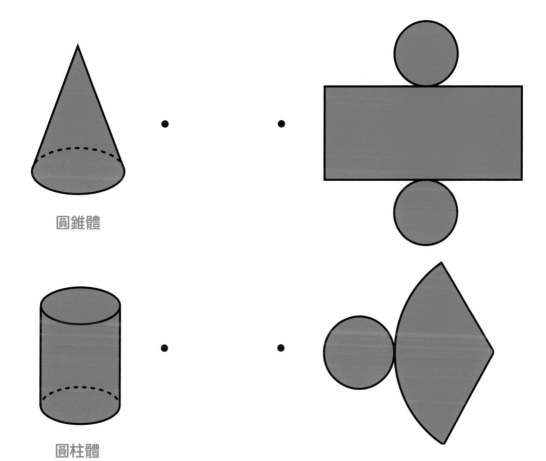

組裝後的形狀　　　　　　　　　　　　組裝前的色紙

圓錐體

圓柱體

難易度 ★★★★★

86 漢堡疊疊樂

推理

想製作出和「範例」一樣的漢堡，
該怎麼堆疊食材呢？
食材有漢堡肉、起司、番茄和生菜，
按照順序在〇內貼上貼紙。

範例

開始

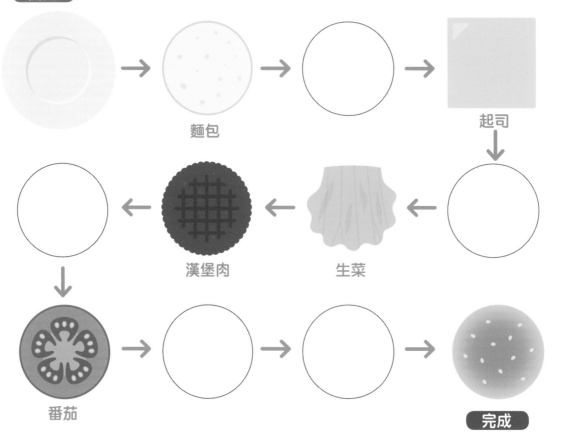

麵包　　　　　起司

漢堡肉　　　生菜

番茄　　　　　　　　　　完成

難易度 ★ ★ ★ ★ ★

87 移動色紙遊戲

「範例」中的圖案使用了五張色紙。

如果移動其中一張色紙，會變成什麼樣子？

在正確圖案的（　　）裡畫○。

範例

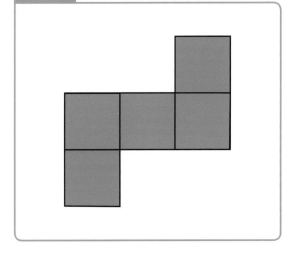

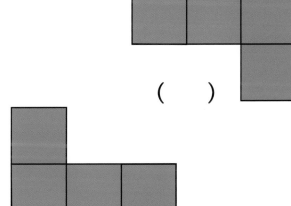

（　　　）

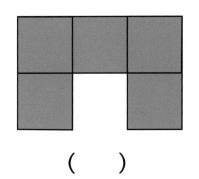

（　　　）

（　　　）

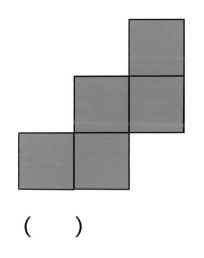

（　　　）

※答案可能不只一個。　**75**

難易度 ★ ★ ★ ★ ★

88 跟著動物走

從 ➜ 走到 ➜ ，依照 🐷 → 🐻 → 🦊 → 🐱 的順序前進，
並用鉛筆畫出路線。

推理

※同樣的路徑不能走兩次。

難易度 ★★★★★

89 依發生時間順序排列吧！

下面的六張圖，是小朋友們賽跑的過程。想一想，這段時間內事情發生的先後順序，用數字 1～6 依序寫在方格裡。

90 購物算一算

小光身上的錢能買什麼東西呢？
用鉛筆在那個東西的方格裡畫〇。

小光的錢

小光

撲克牌　**71元**

冰淇淋　**45元**

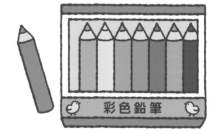

彩色鉛筆　**123元**

　※可能可以買一種以上的東西。

難易度 ★★★★★

91 完成拼版畫

下面的拼版畫中，橫排和直排都要有圖案 1～4。
在空格裡貼上正確的貼紙，完成這幅畫。

92 下一個是什麼貼紙？

下面是四臺扭蛋機各別轉出的貓咪圖案貼紙。
想一想，每一臺扭蛋機的圖案有什麼規律？
把正確的貼紙貼在方格裡。

喀啦
喀啦

難易度 ★ ★ ★ ★ ★

93 讓數量改變的神祕箱

依「範例」所示，只要把草莓放進這兩種神祕箱裡，數量就會改變。
想一想，數量的改變分別有什麼規則？在 1、2、3 右側的空格裡貼
上正確數量的草莓貼紙。

推理

範例

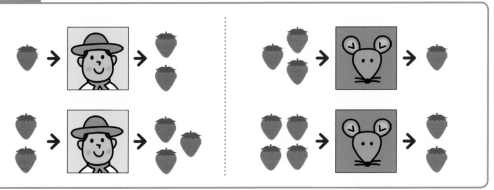

94 採十朵香菇

從 → 走到 → ，途中必須採十朵香菇，不能多也不能少。
用鉛筆畫出正確的路線。

※同樣的路徑不能走兩次。

難易度 ★★★★★

95 拯救公主

王子從 起點 出發，必須沿路收集所有的寶劍，才能到 終點 救出公主。用鉛筆畫出路線，但不能經過有怪獸的地方喔！

推理

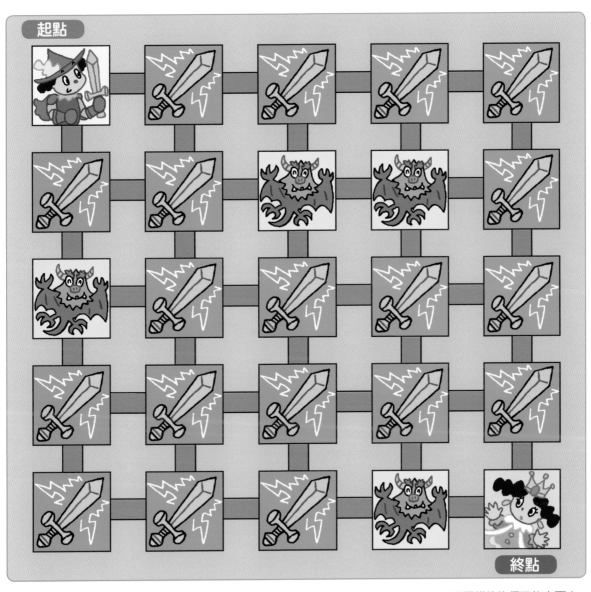

起點

終點

※同樣的路徑不能走兩次。 **83**

難易度 ★★★★★

96) 送一把野花給奶奶

從 起點 走到 終點 ，找出小紅帽能夠摘到最多花且不會
遇到大野狼的路線，再把摘到的花朵數量寫在方格裡。

朵

推理

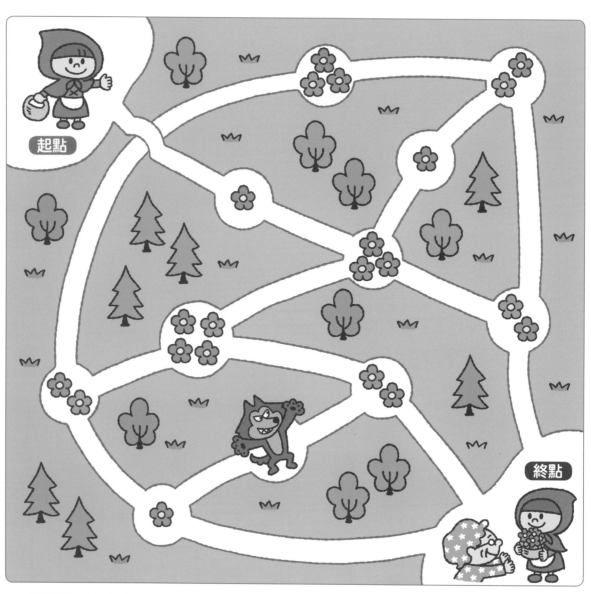

※同樣的路徑不能走兩次。

97 媽媽留下的密碼字條

小翔回到家，發現媽媽留了一張密碼字條，每組密碼由一個紅色數字和一個綠色數字組成，分別代表「提示」裡的橫排文字和直排文字，當橫排和直排互相交錯，會對應出一個字。媽媽想對小翔說什麼呢？

小翔

提示

	1	2	3	4	5
1	我	在	箱	果	點
2	的	想	出	蘋	裡
3	布	做	功	丁	門
4	給	戲	心	冰	成
5	遊	是	課	完	學

推理

給小翔：

麻煩你看家一下，媽媽很快就回來。

【1·5】【4·3】【5·2】

【4·4】【1·3】【2·5】【2·1】

【3·1】【3·4】

難易度 ★★★★★

98 解讀機器車的指令

參考以下「規則」，讓機器車跟著「指令」開回家。
用鉛筆畫出機器車移動的路線。

規則

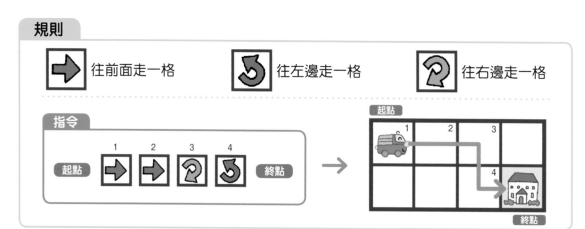

指令

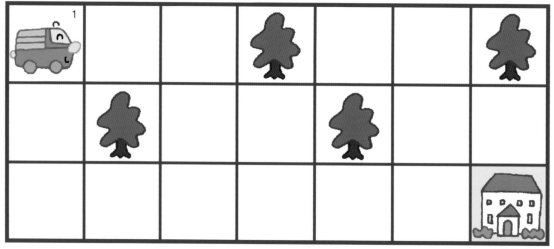

99 對機器車下指令

機器車依 ➡ 路線移動，順利將包裹送往三間房子。
根據機器車移動的路線，在■貼上正確的「指令」貼紙。
機器車移動的方式和左頁的「規則」相同。

推理

指令

起點

1	2	3	4	5	6	7	8	9	10
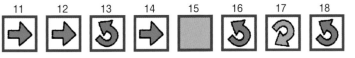

11	12	13	14	15	16	17	18

終點

起點　　　　　　　　　　　　　　　　　　　　　　終點

100 前進不來梅

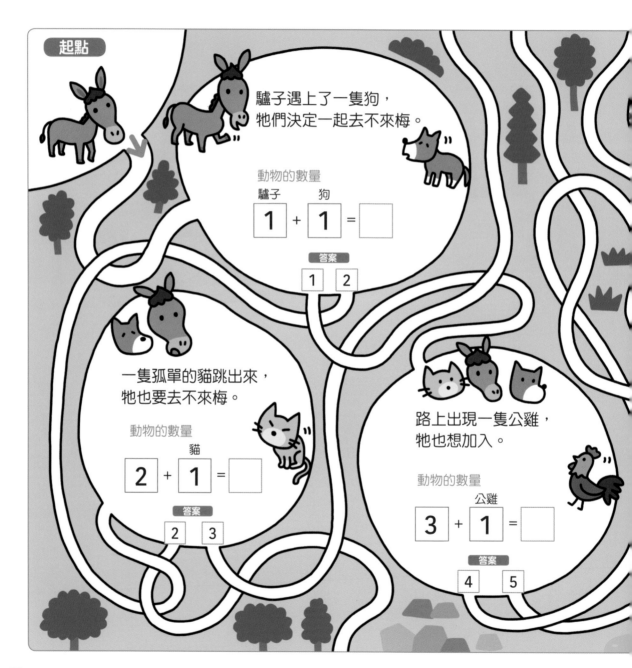

起點

驢子遇上了一隻狗，
牠們決定一起去不來梅。

動物的數量

驢子　　狗

$1 + 1 =$ ☐

答案　1　2

一隻孤單的貓跳出來，
牠也要去不來梅。

動物的數量

貓

$2 + 1 =$ ☐

答案　2　3

路上出現一隻公雞，
牠也想加入。

動物的數量

公雞

$3 + 1 =$ ☐

答案　4　5

驢子想到一座名為不來梅的城市參加樂團演出。從 **起點** 走到 **終點** 的過程中，同伴有時增加，有時減少。數一數，每個階段的動物有幾隻，往正確數字的道路前進，並把抵達終點的動物數量寫在方格裡。

□ 隻

走了一會兒，又碰到四隻松鼠，牠們也成為了同伴。

動物的數量

松鼠

4 + 4 = □

答案

7   8

大家合力把盜賊趕走，三隻貍貓也跑來幫忙，並加入了旅行的行列。

動物的數量

貍貓

6 + 3 = □

答案

9   10

路上經過了盜賊的家，兩隻松鼠嚇得逃走了。

動物的數量

松鼠

8 - 2 = □

答案

6   5

終點

孩子上國小前，如何提升數學能力？

監修 ● 久保田 競

一些美國和法國的研究報告顯示，孩子的數學能力越強，未來在社會上成功的機率就越高。想要提升數學能力，就必須儘早讓孩子理解「0 的概念」，而且最好在幼兒時期就開始接觸與學習，才能從小奠定扎實的數學基礎。

「10」其實並非只是一個數字，而是由「1」和「0」所組成。因此，當孩子學會0的概念，便比較容易理解十進位法（數字的計算方法），接著就可以開始學習心算。

根據最新的腦科學研究顯示，練習心算的次數越多，算出答案的速度就越快，海馬迴（hippocampus）的體積也會等比成長，而這個現象並不受智商、記憶力、閱讀和書寫能力所影響。換句話說，心算是促使大腦發育的重要方法之一。

學習心算的第一步，是將個位數加、減法的答案牢記在心。當孩子進行背誦時，就會開始理解「數字」這個抽象的概念。如果能在上小學之前學會個位數的心算，不僅數學成績和抽象思考能力會有顯著的提升，語文表達與理解能力也會產生正面影響。

提升數學能力的關鍵
- 理解0的概念
- 學習心算

↓

海馬迴快速成長！
增強記憶力
前額葉皮質快速成長！
加快心算的速度
培養抽象思考能力
提升語言表達與理解能力

↓

擁有聰明邏輯腦
（數學以外的成績也提升了！）

父母應該讓孩子從幼兒時期開始學習心算，幫助鍛鍊腦力！

生活實踐

如何讓孩子理解 0 的概念?

當孩子開始對時鐘或月曆上的數字感興趣時,家長可以一邊伸出手指,一邊數數,藉此讓孩子記住數字的順序。另外,想讓孩子學會 0 的概念,建議在催促孩子做某件事的時候,採用「10、9、8、7、6……」的倒數計時方式。隨著時間越來越少,到最後變成「0」,孩子就會理解「0」就是「完全沒有」的意思。

給你五秒鐘穿好外套!5、4、3……

生活實踐

如何讓孩子學會心算?

同樣是心算,大人和孩子使用的大腦部位並不相同。數字的計算都是由前額葉皮質負責,但是孩子會將計算結果以「工作記憶(working memory)」的型態,暫時儲存在前額葉皮質內,而大人則是運用海馬迴將答案存放在頂葉(parietal lobe)。從未接觸過心算的孩子,一開始雖然還無法觸發海馬迴運作,但在重複進行心算的過程中,連接大腦神經細胞的突觸會開始增加,負責掌管記憶的海馬迴便可快速成長。

幼兒時期開始學習心算,會促使頂葉變得發達,進而提升計算能力,久保田腦研團隊就曾讓幾位孩子從兩歲起練習個位數的心算,成果相當卓越。本書的前、後扉頁各附有「個位數加法」和「個位數減法」的心算表,提供孩子在泡澡或其他閒暇時間反覆背誦算式和答案。建議家長先行示範,有助於孩子進入學習狀態。

0+0=0、
0+1=1、
0+2=2……

STEP 1 ※不包含只需要貼貼紙或畫線的題目。

11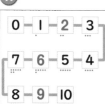

0	1	2	3
7	6	5	4
8	9	10	

12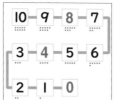

10	9	8	7
3	4	5	6
2	1	0	

13 斑馬

犀牛有2隻，
斑馬有5隻。

14 無尾熊

無尾熊有5隻，
貓熊有4隻。

15 紅色糖果

紅色糖果有5顆，
藍色糖果有3顆，
黃色糖果有2顆。

16

2
4
1
3

17

1 3 2 4

18

2 貓 1 狗 3 兔子 4 松鼠

34 ～ **36**

2	和	3	加起來變成	5
1	和	4	加起來變成	5
0	和	5	加起來變成	5

37 ～ **40**

$$5 + 5 = 10$$
$$6 + 4 = 10$$
$$0 + 10 = 10$$
$$9 + 2 = \ \ $$

41

小春　　小秋　　總共
金魚有 3 ＋ 2 ＝ 5 隻

42

哈密瓜麵包　奶油麵包　總共
5 ＋ 4 ＝ 9 個

43 ～ **46**

47

剩下 4 個人

如果寫成算式……
原本有7個人　3個人加進了　剩下4個人
7 － 3 ＝ 4

48

泡芙總共有 15 顆

STEP 2

51 ～ **53**

花多了 2
花多了 1
花多了 3

54

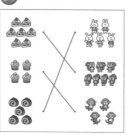

55

56 21

57 卡車

58

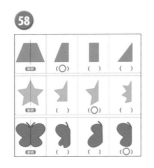

59

60

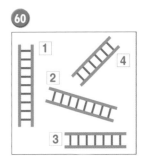

61

62 蝸牛

63 企鵝

64

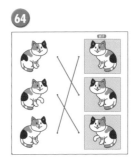

65

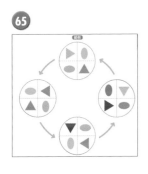

66

67

68

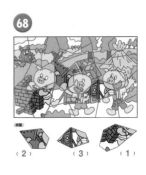

69

70

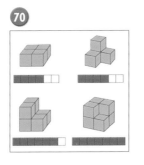

71

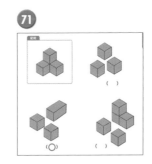

72

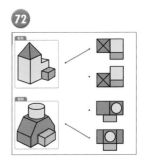

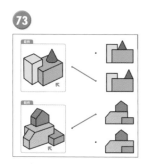
73

74

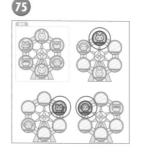
75

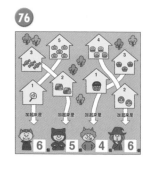
76

77

78 鯨魚

79 直升機

80

1 從前面數來第五個是什麼動物？

2 從後面數來第七個是什麼動物？

3 狸貓排在狐狸後面第幾個？

1 松鼠
2 狐狸
3 後面第3個

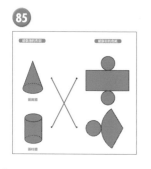
81

82

83

問題

1 七日的一星期後是幾日？

2 十七日的三天後是幾日？

3 這個月的最後一個星期六是幾日？

日	一	二	三	四	五	六
	1	2	3	4	5	6
7	8	9	10	11	12	13
14	15	16	17	18	19	20
21	22	23	24	25	26	27
28	29	30	31			

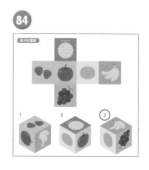
84

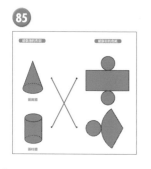
85

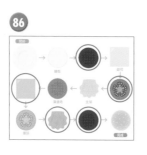
86

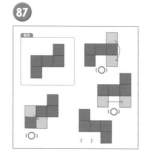
87

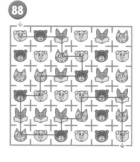
88

89

90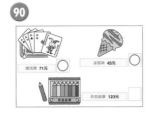

91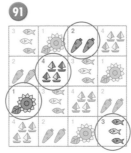

92

93

草莓放入農夫的神祕箱會增加1
個，放入老鼠的神祕箱則會減少
2個。

94

95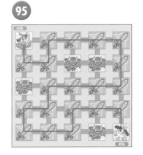

96 19

97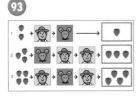

暗號的答案
點心是
冰箱裡的
布丁

暗號的解讀方法
紅色數字代表橫排的文字，
綠色數字代表直排的文字。
例如「1‧5」對應的文字
就是「點」。

98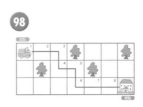

99

100 9

● 監修

久保田 競

1932年出生於日本大阪。醫學博士，目前為京都大學名譽教授及久保田腦研顧問。1957年畢業於東京大學醫學系後，繼續攻讀研究所。大學三年級時前往美國奧勒岡州立醫科大學留學。研究所畢業後，進入京都大學靈長類研究所，負責猴子的額葉構造與功能的研究工作。曾擔任教授及研究所所長。1970年開始研究前額葉皮質，研究貢獻包含發現了與圖形認知和記憶有關的視覺中樞等，是大腦前額葉皮質研究界的佼佼者。

● 協力

久保田腦研

推動自出生一個月後便適用的大腦發展教育。主要理念為依循最新腦科學理論建立縝密教育計畫的「久保田式育兒法」。

● 翻譯

卓文怡

曾在日本大阪攻讀日中口筆譯。擅長童書、實用書籍等各領域之翻譯。在小熊出版的譯作有《日本腦科學權威久保田競專為幼兒設計有效鍛鍊大腦貼紙遊戲》、《日本腦科學權威久保田競專為幼兒設計有效鍛鍊大腦摺紙遊戲》、《日本腦科學權威久保田競專為幼兒設計有效鍛鍊大腦迷宮遊戲》、《日本腦科學權威久保田競專為幼兒設計有效鍛鍊大腦益智遊戲100題》、《4·5·6歲幼兒數感啟蒙：情境數學遊戲繪本》（全套3冊）、《【不插電】小學生基礎程式邏輯訓練繪本》（全套4冊）、《鼻呼吸健康操：改善睡眠問題、免疫力、齒列發育和上顎突出》等。

編輯・架構 ● 小熊雅子（303BOOKS）
裝訂・內文設計 ● 鷹觜麻衣子
封面插圖 ● 坂崎友紀、藤沢美香
內頁插圖 ● 坂崎友紀（P4、8〜9、90〜91、問題0〜10、13、14、43〜47、51〜53、66、67、74、75）
　　　　　奧谷敏彥（問題56、57、68、69、72、73、88、89、94、95、98、99）
　　　　　金田啟介（問題16、48〜50、62、63、78、79、82〜84、86）
　　　　　西本修（問題61、80、81、92、93、100）
　　　　　藤沢美香（問題17、18、41、42、54、55、64、76、77、90、91、96、97）
　　　　　古瀨閑（303BOOKS／問題15、59、60、71）
題目設計（DTP）● 303BOOKS
照片提供 ● 柏原 力（講談社寫真部）

親子課
日本腦科學權威久保田競專為幼兒設計 **有效鍛鍊大腦數學遊戲100題**
編著／講談社　監修／久保田 競　協力／久保田腦研　翻譯／卓文怡

小熊出版官方網頁　小熊出版讀者回函

總編輯：鄭如瑤｜主編：陳玉娥｜編輯：張雅惠｜特約編輯：劉蕙
美術編輯：張雅玫｜行銷副理：塗幸儀｜行銷助理：龔乙桐
出版：小熊出版・遠足文化事業股份有限公司
發行：遠足文化事業股份有限公司（讀書共和國出版集團）
地址：231 新北市新店區民權路 108-3 號 6 樓
電話：02-22181417｜傳真：02-86672166
劃撥帳號：19504465｜戶名：遠足文化事業股份有限公司
Facebook：小熊出版｜E-mail：littlebear@bookrep.com.tw

讀書共和國出版集團網路書店：www.bookrep.com.tw
客服專線：0800-221029｜客服信箱：service@bookrep.com.tw
團體訂購請洽業務部：02-22181417 分機 1124
法律顧問：華洋法律事務所／蘇文生律師
印製：天淩有限公司
初版一刷：2023 年 9 月
定價：390 元｜ISBN：978-626-7361-20-7
書號：0BPT1026

國家圖書館出版品預行編目（CIP）資料

日本腦科學權威久保田競專為幼兒設計有效鍛鍊大腦數學遊戲100
題／久保田競監修；卓文怡翻譯. -- 初版. -- 新北市：小熊出版，遠足文化事業股份有限公司，2023.09
96 面；18.8x23.8 公分. --（親子課）
ISBN 978-626-7361-20-7（精裝）
1.CST：數學遊戲 2.CST：兒童遊戲 3.SHTB：數學 --3-6 歲幼兒讀物

523.13　　　　　　　　　　　　　　112013963

日本腦科學權威 久保田競 遊戲書系列

日本腦科學權威久保田競專為幼兒設計
有效鍛鍊大腦貼紙遊戲 增訂版

★ 50個融入日常生活的貼紙遊戲和4個紙卡操作延伸遊戲，訓練手眼協調能力，促進孩子對環境的敏銳度與情感感受力！

附**365**枚可重複使用的育腦貼紙

日本腦科學權威久保田競專為幼兒設計
有效鍛鍊大腦摺紙遊戲

★ 100個提升腦力的摺紙主題，透過看懂內摺、外摺等記號，挑選適合的色紙，按部就班完成目標，培養孩子的判斷力、規畫力和執行力！

日本腦科學權威久保田競專為幼兒設計
有效鍛鍊大腦迷宮遊戲

★ 100個鍛鍊大腦的迷宮遊戲，讓孩子從事專注思考和判斷路徑的過程，循序培養記憶力、觀察力、思考能力，以及活用認知能力！

附**100**枚獎勵貼紙

日本腦科學權威久保田競專為幼兒設計
有效鍛鍊大腦益智遊戲100題

★ 透過100道益智題目，反覆練習「觀察事物」、「發現線索」和「找出答案」三步驟，培養孩子樂於接受挑戰，促進智能發展！

附**138**枚可重複使用的育腦貼紙

	9	**8**	**7**	**6**	**5**
−0	**9** 9 − 0 = 9	**8** 8 − 0 = 8	**7** 7 − 0 = 7	**6** 6 − 0 = 6	**5** 5 − 0 = 5
−1	**8** 9 − 1 = 8	**7** 8 − 1 = 7	**6** 7 − 1 = 6	**5** 6 − 1 = 5	**4** 5 − 1 = 4
−2	**7** 9 − 2 = 7	**6** 8 − 2 = 6	**5** 7 − 2 = 5	**4** 6 − 2 = 4	**3** 5 − 2 = 3
−3	**6** 9 − 3 = 6	**5** 8 − 3 = 5	**4** 7 − 3 = 4	**3** 6 − 3 = 3	**2** 5 − 3 = 2
−4	**5** 9 − 4 = 5	**4** 8 − 4 = 4	**3** 7 − 4 = 3	**2** 6 − 4 = 2	**1** 5 − 4 = 1
−5	**4** 9 − 5 = 4	**3** 8 − 5 = 3	**2** 7 − 5 = 2	**1** 6 − 5 = 1	**0** 5 − 5 = 0
−6	**3** 9 − 6 = 3	**2** 8 − 6 = 2	**1** 7 − 6 = 1	**0** 6 − 6 = 0	
−7	**2** 9 − 7 = 2	**1** 8 − 7 = 1	**0** 7 − 7 = 0		
−8	**1** 9 − 8 = 1	**0** 8 − 8 = 0			
−9	**0** 9 − 9 = 0				